BEI GRIN MACHT SICH IHR
WISSEN BEZAHLT

- Wir veröffentlichen Ihre Hausarbeit,
  Bachelor- und Masterarbeit

- Ihr eigenes eBook und Buch -
  weltweit in allen wichtigen Shops

- Verdienen Sie an jedem Verkauf

Jetzt bei www.GRIN.com hochladen
und kostenlos publizieren

Chise Onuki

Was ist das erste Sein? Aristoteles' ontologische Metaphysik

GRIN Verlag

Bibliografische Information der Deutschen Nationalbibliothek:

Die Deutsche Bibliothek verzeichnet diese Publikation in der Deutschen National-
bibliografie; detaillierte bibliografische Daten sind im Internet über http://dnb.d-
nb.de/ abrufbar.

Impressum:

Copyright © 2005 GRIN Verlag GmbH
Druck und Bindung: Books on Demand GmbH, Norderstedt Germany
ISBN: 978-3-638-92291-3

Dieses Buch bei GRIN:

http://www.grin.com/de/e-book/84569/was-ist-das-erste-sein-aristoteles-ontologische-
metaphysik

GRIN - Your knowledge has value

Der GRIN Verlag publiziert seit 1998 wissenschaftliche Arbeiten von Studenten, Hochschullehrern und anderen Akademikern als eBook und gedrucktes Buch. Die Verlagswebsite www.grin.com ist die ideale Plattform zur Veröffentlichung von Hausarbeiten, Abschlussarbeiten, wissenschaftlichen Aufsätzen, Dissertationen und Fachbüchern.

Besuchen Sie uns im Internet:

http://www.grin.com/

http://www.facebook.com/grincom

http://www.twitter.com/grin_com

Humboldt-Universität zu Berlin
Institut für Philosophie

Hauptseminar: Aristoteles, Metaphysik Z

Hausarbeit: Was ist das erste Sein?

- Aristoteles´ ontologische Metaphysik

Chise   Onuki

Inhaltverzeichnis

I. Einleitung

Vor ca. 2500 Jahren haben sich die griechischen Philosophen mit der ontologischen Philosophie beschäftigt. Ihr Hauptanliegen war die Suche nach Seinsprinzipien aller in der Natur zu beobachtenden Dinge und Lebewesen. Aristoteles steht auch in dieser griechischen Tradition der Prinzipiensuche. 20 Jahre lang war er Schüler Platons und befaßte sich mit dem Platonischen Idealismus. Das Hauptmerkmal platonischer Ideenlehre ist die Trennung der Ideenwelt und Sinnenwelt: Der wesentliche Grund des Seins des Einzelwesens liegt demnach als Idee außerhalb des Einzelwesens. Bald befriedigte diese Philsophie Aristoteles nicht mehr. Denn mit der Idee wird insbesondere keine genügende Erklärung für das sich unseren Sinnen darstellende Einzelwesen und die Außenwelt gegeben. Aristoteles entwickelte daher seine eigene Philosophie. Er dachte an die Immanenz des wesentlichen Grundes des Seins *im* Einzelwesen an sich.

In der *Metaphysik*, dem Hauptwerk der Arisotelischen ontologischen Philosophie und zusammengesetzt von Andronikos in 14 Bücher, untersucht Aristoteles über die Prinzipien und Ursachen der Seinsweise des Einzelwesens (das Seiende). Das Seiende wird erstens in das Seiende im Sinne von *ousia*, zweitens in das göttliche Seiende und drittens in das mathematische Seiende unterteilt. In seiner Untersuchung des erst genannten Seienden, der ousia, geht es um dessen der beweglichen, sinnlich wahrnehmbaren, konkreten Einzelwesen. Mit seiner Untersuchung will Aristoteles die o.g., argumentativ genügsame, nicht idealisierte Erklärung für die Seinsweise des sich unseren Sinnen darstellenden Einzelwesens der Außenwelt vertiefen.

In dieser Hausarbeit möchte ich besonders die erste Ousia behandeln und darstellen, was Aristoteles als höchstes Prinzip der Seinsweise der Dinge überhaupt zu ergründen versuchte. Das wird hierzulande als „Substanz" ausgedrückt, während seine Metaphysik als Substanztheorie genannt wird. Ich möchte diesen Ausdrück in dieser Arbeit jedoch möglichst vermeiden, um die Absicht seiner Philosophie verständlicher nahezubringen. Darüber hinaus stütze ich mich besonders auf einige Textstellen seiner Schrift *Metaphysik*, BuchZ 3 und Z 4, welche den wesentlichen Kernpunkt seines Philosophierens über die Metaphysik zum Ausdrück bringt. Z3 wird im folgenden Kapitel, Z4 in Kapitel III dieser Arbeit behandelt.

Ich möchte hierbei anmerken, daß obige Textstelle in der Schrift eine besondere Schwierigkeit für die Interpretation beinhaltet, so daß ich mich in dieser Hausarbeit nur auf die Interpretation beschränke, da der Rahmen der Arbeit begrenzt ist.

II. Aristoteles´ Überlegung, Eidos könnte die erste Ousia sein

1. Der gesuchte Forschungsgegenstand ist die Primärousia

Was Aristoteles in Buch Z seiner *Metaphysik* erreichen will, ist zu ergründen, was Einzelwesen zu einem Seienden macht. Wie bereits erwähnt, interessieren ihn in seiner gesamten Untersuchung in der *Metaphysik* die Prinzipien und Ursachen der Seinsweise des Einzelwesens. Es gibt verschiedene und abgestufte Arten der Seinsweise bzw. des Seienden, je nach der Wichtigkeit, ob man immer näher zu strengeren Prinzipien und Ursachen durchdringen will - die aber immer für mehrere Dinge und Seinsweise gelten. Davon möchte Aristoteles die erste, wichtigste und für alle andere Seinsweisen als prinzipiell zu geltende Seinsweise bzw. das erste Seiende ergründen, d.h.; das Seiende des Seienden. Dieses Seiende, genannt Ousia, ist der gesuchte Forschungsgegenstand in seiner theoretischen Philosophie. Die Ousia ist dabei nicht als ein einzige vorhanden. In seinen Überlegungen findet Aristoteles bereits ein paar davon. Jedoch sucht er DIE Ousia der Ousiai, die noch prinzipieller als andere Ousiai und das wahrhaft erste Seiende von allen Seinsweisen sein soll. Um Mißverständnisse zu vermeiden, bezeichne ich diese Ousia als die Primärousia, denn Aristoteles verwendet manchmal in seiner Schrift die erste Ousia bloß mit der Bezeichnung „die Ousia", obwohl sie von ihm neben anderen Ousiai als herausragend im obigen Sinne geltend erklärt wird .

Bereits am Anfang des Buches Z (Z1) bestimmt Aristoteles, daß die erste, prinzipielle Seinsweise des Einzelwesens (A) das Was-es-ist (ti esti) (bzw. das Was) ist, wobei „es" das ist, wovon man gerade spricht - als ein behandeltes Objekt – und „Was" das offenbart, was es ausmacht. Dazu darf die andere, genauso wichtige, prinzipielle Seinsweise nicht fehlen, wenn man gerade das Was eines *bestimmten Einzelwesens* feststellen will: d.i., was Aristoteles mit tóde ti (B) ausdrückt. Das wird am günstigsten

mit „ein Dies", genauer „ein Dies-da" bzw. „ein Dies von der Art" übersetzt.[1]

Zu (A): Es gibt zwar auch andere Sorten, womit man die „Seinsweise" von Dingen genauso ausdrücken kann, z.B. das „Wie", das „Wieviel" usw. (Aristoteles macht damit uns aufmerksam: Wenn man spräche, etwas sei „seiend" von dem Was, gäbe es mehrfache Arten für diese Anwendung, weil man die Bedeutung des „Was" nicht präzis einschränke. Das seien aber das „Was" im weiteren Sinne.) Aristoteles sucht aber die *erste* Seinsweise. Wenn man bedenkt, was bei einem Einzelwesen am meisten und gleich uns erkennen läßt, was für ein Objekt es im engeren Sinne *ist*, zeigt das „Was" des Einzelwesens gerade den wichtigsten Kern des Einzelwesens; der am meisten treffend das Einzelwesen beschreibt. Wir wissen ohnehin über das Einzelwesaen vom „Was" mehr als das, was das „Wie" oder das „Wieviel" des Einzelwesens uns mitteilt. Wenn wir beispielsweise wissen, wie groß Sokrates ist, wissen wir noch nichts genaues über Sokrates. Wir müssen wissen, daß er ein Mensch ist. Die Wichtigkeit des „Was" gilt aber auch ontologisch und nicht nur epistemisch, da das „Was" hauptsächlich die seiende Weise des Einzelwesens ausmacht.

Zu (B) : Dies sei daher wichtig, weil es genau von einem *bestimmten* Einzelwesen und nicht einem anderen handelt, wenn man das „Was" dieses Einzelwesens untersuchen soll. Mit „ein Dies" können wir ausdrücken, daß wir / Aristoteles Forschungsobjekte dieser Seinsphilosophie in der Weise handhaben, daß die wesentliche, erste Seinsweise des Einzelwesens genau mit ihm untrennbar vereint ist. Dies sollte eigentlich in erster Linie als selbstverständlich erscheinen, da diese Seinsweise, die man untersucht, eben von dem Einzelwesens ist. Aber eine, wohlüberlegte Tradition der platonischen Seinsphilosophie hat mit der Ideenlehre genau diesen Umstand getrennt behandelt. Um wohl bewußt diesen Unterschied zu zeigen, hat Aristoteles auf „ein Dies" das Gewicht gelegt. Dabei ist wichtig anzumerken, daß Aristoteles sich nicht unbedingt von diesem Einzeilwesen auf dessen Individualität bezieht. Mit dem Ausdruck „ein Dies" kann etwas individuelles gemeint werden, so daß das auch mit „ein Dies-da" gesagt wird und sich auf ein konkretes individuelles Einzelwesen bezogen wird. Das passt zur Interpretation aristotelischer Seinsphilosophie über die individuellen Substanz. Hier in der *Metaphysik Buch Z* wird eher damit ausgedrückt, *was* etwas Individuelles zu einer

---

[1] *Am günstigsten* deswegen, weil diese Auslegung nicht ganz in Buch Z durchsetzungsfähig ist. Man könnte auch mit „dieses Etwas" übersetzen, welches aber als weniger durchsetzungsfähig angesehen wird. Genaueres dazu siehe Zu (B).

bestimmten Entität macht, womit man weiß, daß das das bestimmte, immer so bleibende ETWAS/DAS ist. Dies passt zu dem Ausdruck „ein Dies von der Art". Es geht damit um die Identität der Arten des Einzelwesens. Richtet man beispielsweise seine Gedanken auf einen Wellensittich und wird dabei nach dessen Was-es-ist, also Was-Wellensittich-ist, gefragt, und wenn es dabei aber nicht um noch spezifischeres gehen soll, beispielsweise, ob man den Wellensittich, der immer viel ißt, oder den anderen farbigen, der gern singt, usw. zum Gegenstand macht, d.h., wenn es also nicht um Individualität gehen soll, dann sollte das Was-es-ist untersucht werden. D.h., nicht ein individueller, sondern *der* Wellensittich als eine Art wird hinterfragt. Man könnte aber auch die unterteilten Arten von Wellensittich hinsichtlich ihrer Unterscheidbarkeit untersuchen.

Aber in der Schrift gibt es einige Stellen, von den man bezweifeln muß, welches von diesen beiden Aristoteles überhaupt als das eigentliche Seiende des Einzelwesens ansehen will. Dieses Problem macht darüber hinaus die Kontroverse aus, daß darüber gestritten wird, was Aristoteles in der *Metaphysik* mit Ousia eigentlich meinte bzw. wie das aussehen sollte. Denn das Einzelwesen verändert seine Seinsweise im Lauf der Zeit. D.h., ob je nachdem seine Art sich ändert bzw. ob seine Art als seinesgleichen und somit als Individuelles angesehen werden soll, ist eine sehr schwierige Frage. Mit der Untersuchung dieser Hausarbeit über „*ti en einai"* wird dieses Problem uns näher gebracht.

Daß Aristoteles bei der Suche nach der Ousia jetzt schon auf das „Was" und „ein Dies" als das Wichtige aufmerksam macht bzw. am Anfang des Buches Z diese Wichtigkeit betont, ist insofern sehr relevant für die Untersuchung von „ti en einai", dem Gegenstand dieser Hausarbeit. „Ti en einai" wird mit großer Wahrscheinlichkeit als „Was-es-heißt-dies-zu-sein" übersetzt. Man könnte desweiteren interpretieren, daß daher es zwischen dem „Was-es-ist", „ein Dies von der Art" und „ti en einai" ein großer Zusammenhang bestehen würde.[2]

In Buch Z1 stellt Aristoteles in einem Zusammenhang mit dem „Was-es-ist" die Prioritätskategorien der ersten Ousia, der Primärousia, fest, die aufgrund ihres Charakters des Prinzipiellseins wie folgt sein müßte: Die Primärousia sei a) der Erklärung (logôi), b) der Erkenntnis (gnôsei) und c) der Zeit chronôi) nach primär. Mit a) „der Erklärung nach" ist gemeint, daß in jeder Erklärung von etwas

---

[2] genauer s.u. und im Kapitel III

notwendigerweise die erste Seinsweise des Einzelwesens, die Primärousia enthalten ist. D.h., wenn man etwas bestimmtes erklären will, kann man diese eventuell analytisch (und gegebenenfalls mehrmals) aufteilen, um zu untersuchen, was das ist. Z.B. den Pullover in Wolle, Ärmel, dichte Gewebe usw. Man stellt dennoch fest - egal wovon man erklären will -, daß bei jedem Ding die Kategorie der eigenen Seinsweise des gerade behandelten, aktuellen Einzelwesens, d.i. die erste Seinsweise eines Dings, stets vorhanden ist.

b) „der Erkenntnis nach" heißt, daß wir ein Einzelwesen am besten zu kennen meinen, wenn wir dessen „Was-es-ist" wissen. Andere qualitative und quantitative Seinsweisen wie das „Wie", das „Wieviel" usw. vermitteln uns keine bessere Erkenntnis von dem Einzelwesen als das „Was".

Über c) - „der Zeit nach" - macht Aristoteles seine Erläuterung nach Nennung dieser drei Prinzipien nicht im Gegensatz zu den anderen o.g. zwei. Man findet auch keine sonstige Erläuterung von ihm über die „Zeit". Dennoch kann man interpretieren, daß Aristoteles mit der „Zeit" die wichtige *Reihenfolge der Selbständigkeit bzw. der Abhängigkeit der Seinweise* meinen könnte. Denn die lange Argumentation vor der Nennung der drei Prinzipien in Buch Z1 sagt, daß alle anderen Seinsweisen - außer der Ousia - nur dank dieser „seiend" sind. D.h., sie würden abhängig von der Ousia und nur eingeschränkt seiend sein. Demgegenüber ist die Ousia aber uneingeschränkt, selbständig und schlechthin seiend. Mit anderen Worten: Dies sei daher interpretierbar, so Rapp, weil „die Priorität der Zeit nach die Selbständigkeit im Sinne der ... natürlichen Priorität meint, wonach etwa „weiß" oder „gehen" nicht ohne eine Substanz existiert, diese aber ohne jene ... sein kann"[3], wobei die Substanz hier als der Träger dieser Qualitäten, wie ein Mensch oder Tier, gemeint ist. Daraus wird klar, daß das „Wie" nur eine sekundäre Rolle von Seinsweisen spielt im Gegensatz zu dem „Was".

Diese Prioritätenkategorie zu erwähnen ist relevant, um zu verstehen, warum Aristoteles später ti en einai einführte; und um zu verstehen, um welche Kontroverse es für ihn (in seiner Argumentation darüber) geht.[4] Vorher bringt Aristoteles aber seine Erörterung

---

[3] Rapp 1996 S. 35 Im zitierten Satz steht im Original dazu eine Fußnote 7. Demnach heißt: Die Selbständigkeit ist ein Metakriterium von Substanz und die Selbständigkeit werde gerade durch die Priorität der Zeit nach in Buch Z1 extra ans Licht gebracht.

[4] Aristoteles möchte sich auch interpretationsgemäß gerade mit der Selbständlichkeit und Abhängigkeit der Seinsweisen des Einzelwesens c) weiter beschäftigen. (Beispielsweise sieht man dies am einfachsten in der Stelle, die in der Erörterung in Kapitel III dieser Arbeit erwähnt wird.) Das sei der Grund, warum er zwar zu c) viel, aber zu a) und b) nur wenig erläutert, was nach der o.g. Interpretation Rapps zu schlußfolgern ist. D.h., er habe möglicherweise c) vom Anfang an groß im Auge gehabt - im Unterschied zu anderen. vgl. Rapp 1996 S. 36 ff.

über die Primärousia - und macht uns so einiges darüber klar.

2. Eidos könnte die Primärousia sein

Als Kandidaten für die primäre Ousia nennt Aristoteles *Hylê*, *Eidos* und *Sýnholon* (das Zusammengesetzte aus dem vorher Genannten) in der *Metaphysik Buch Z3*.[5] Die Ousiaanalyse mit diesen drei Kandidatsbegriffen wurde zum ersten Mal in der *Metaphysik* eingeführt. In der *Kategorienschrift*, in der Aristoteles früher auch die Ousia untersuchte, war dies nicht der Fall.

Die Hyle ist das, woraus etwas entsteht. Was auch immer Prozessen ausgesetzt ist, besitzt sie, und umgekehrt gilt auch: Das, was die Hyle besitzt, ist Prozessen aussetzt. Bei der Betrachtung eines Einzelwesens, das sein Wesen verändern kann, wird klar, daß die Hyle wie die Materie zu verstehen ist. Um eine konkrete Vorstellung davon zu haben, braucht man ein besseres Verständnis davon, was Eidos ist.

Das Eidos wird als die Form bzw. Gestalt des Einzelwesens interpretiert. Das macht ein Einzelwesen zu dem bestimmten Gegenstand, der es selbst ist. Das kann aber auch etwas Allgemeineres sein als die Form eines konkreten, individuellen Einzelwesens, insofern diese Form die von mehreren Gegenständen derselben Art eines Einzelwesens sein kann.

Z.B. es gibt die Hyle bzw. die Materie Gold. Man kann dies leicht zu einer Kugel, d.h. einer Goldkugel verarbeiten. Dabei ist die Form „Kugel" das Eidos und die Goldkugel – als Einheit von Materie und Form - das Zusammengesetzte (Synholon).[6] Dabei läßt sich verstehen, daß der Gegenstand als das Zusammengesetzte von beiden nicht als ein konkretes, individuelles und beobachtbares anzusehen ist, sondern es um einen theoretischen Begriff handelt. Dafür sind diese Beiden unentbehrlich und sie gehören für das *Fertigwerden* des Einzelwesens zusammen. Wichtig ist, was man aus der *Metaphysik* tatsächlich interpretieren kann: Aristoteles sieht diese beiden als Ousia an.

---

[5] Genauer: Aristoteles nennt diese drei am Anfang des Buches Z3 (zum Beginn von1029a) tatsächlich als mögliche Kandidaten für das Zugrundeliegende, das er als einen Kandidat der Kriterien für die Primärousia neben anderen nennt (siehe unten in diesem Kapitel); und nicht als den Kandidat der Primärousia, wie ich oben schrieb. Der Grund für diese Annahme ist folgender: Erstens kann man interpretieren, daß eine Primärousia von allen Ousiai bestimmt werden sollte, weil das in der Schrift noch nicht ergründet wurde. Zweitens sieht man im Text, daß Aristoteles schon gleich im Anschluß diese drei (Materie, Form und Zusammengesetzte) nicht mehr als das Zugrundeliegende behandelt. Stattdessen argumentiert er dafür, was die Primärousia sein soll, bzw. er kennt schon fast seine Antwort; ferner argumentiert er, daß die Primärousia eine von diesen drei sei und aber dies nicht das Zugrundeliegende sei. (Genauer s.u.) Diese Unstimmigkeit ist etwas, was Buch Z3 sehr seltsam macht und stellt eine große Schwierigkeit bei dem Verstehen des Textes dar.

[6] vgl. Rapp 2002 S.120f. und S. 204

Um aber diese drei näher zu verstehen, hat Aristoteles ein anderes Beispiel gegeben, was ich später genauer schildere.

Für seine Untersuchung, welches der drei Kandidaten nach meiner Interpretation als die primäre Ousia zu gelten hat, hat Aristoteles wiederum *Kandidaten der Kriterien* dafür im Auge, welche Seinsweise die Ousia an sich inne hat bzw. haben kann. Als die vermutlichen, hauptsächlichen Kriterien-Kandidaten der primären Ousia nennt Aristoteles: 1) „Was es heißt, dies zu sein" (tò tí ên eînai) 2) allgemein zu sein (das Allgemeine: tò kathólou) 3) die Gattung (tò génos) und 4) zugrundeliegend zu sein (das Zugrundeliegende: tò hypokeímenon).[7] Aristoteles fängt die Untersuchung mit dem 4. Punkt an. Sein Ziel ist, sich letztendlich der am plausibelsten erscheinenden Primärousia von den o.g. drei Primärousia-Kandidaten anzunähern.

Um zu rechtfertigen, warum es sinnvoll ist, mit 4) anzufangen, sagt Aristoteles: 4), das Zugrundeliegende, bedeutet: „von dem alles Übrige ausgesagt wird, während es seinerseits nicht mehr von anderem ausgesagt wird."[8] Man könnte denken: Da das Zugrundeliegende alles Übrige aussagt, d.h. auch *das* von einem Einzelwesen, - also was dieses Einzelwesen ist, scheine das Zugrundeliegende untersuchenswert zu sein.[9] Um so mehr, wenn andere sekundäre, dem Einzelwesen zugehörige Eigenschaften uns zwar bei der Anschauung offenbart werden, die uns aber nicht sagen können sollten – nach Aristoteles -, *was* dieses Einzelwesen ist, d.h., was das Zugrundeliegende dieses Einzelwesens ist. Daher wird das Zugrundeliegende als der scheinbar interessanteste Kriterien-Kandidat zuerst untersucht.

Aristoteles sagt zuerst, daß alle drei als Primärousia-Kandidaten bezeichnet werden, Zugrundeliegende sind.[10] Nachdem er aber dannach die drei Primärousia-Kandidaten kurz erläutert, gibt er uns schon hier einen sehr wichtigen Hinweis: die Primärousia sei aber „was nicht selbst von einem Zugrundeliegenden [ausgesagt wird], sondern von dem alles Übrige ausgesagt wird."[11]

Was heißt das und welche Wirkung hat das für die spätere Argumentation? Aristoteles

---

[7] 1) behandelt Aristoteles im Buch Z4, und somit in dieser Arbeit dementsprechend in Kapitel III behandelt. 2) und 3) behandelt er besonders im Buch Z13-16. Ich lasse diese Kandidaten in meiner Arbeit, da Aristoteles sie nicht als das wichtigste betrachtet und sie auch den Rahmen dieser Arbeit überspringen, außer daß ich über 3) in Kapitel III am Ende kurz erwähne.
[8] Aristoteles, Metaphysik Z, S. 65, 1028b nach 35
[9] Aristoteles betrachtet dies selbst nicht so, sondern das ist eine gängige Meinung anderer griechischen Denker, die Aristoteles in seiner Argumentation benutzt, um seine These voranzubringen.
[10] Dazu ist unklar, ob *er* selbst wirklich alle drei als das Zugrundeliegende bezeichnet oder, daß er meint, daß diese so bezeichnet werden *können* bzw. daß es allgemein in dieser Art denkbar ist.
[11] Aristoteles, Metaphysik Z, S. 65, 1029a vor10

führt nun Beispiele an, was unter der Materie, Form und dem Zusammengesetzten zu verstehen ist: das Erz, die sichtbare Gestalt und das Standbild aus beiden.

Aristoteles beabsichtigt damit, daß man demnach sehe, daß unter der Materie (Erz) nichts nennbares, bestimmtes anschaubar ist, was sie an sich primär ausmacht, sondern höchstens nur seine Eigenschaften wie die Farbe, Konsistenz oder der Geruch wären möglich zu erkennen. Wird erst die sichtbare Gestalt gegeben, wird aus dem Erz und der Gestalt des Anblicks das Standbild, welche uns erkennen läßt, was das ist – nämlich eine Statue aus Erz. Somit könnte man meinen: die Form (Gestalt) zeigt sich ihre Priorität gegenüber der Materie und auch dem Standbild, weil die Form uns erst eine wahrzunehmende Bedeutung der Materie gibt und auch weil das Standbild epistemisch ohne die Form nicht zustande kommen kann. Da die erzspezifischen Eigenschaften auch zur Gestalt/Form dieser Materie gehören, folgt daraus, daß „alles Übrige", also die Materie und das Zusammengesetzte, von der Form ausgesagt werden.

Die Schwierigkeit bzw. das Problem dabei ist, wenn Aristoteles sagt, die Primärousia sei „was nicht selbst von einem Zugrundeliegenden [ausgesagt wird]". Denn Aristoteles sagt, wie erwähnt, daß alle drei Primärousia-Kandidaten als zugrundeliegend seiend bezeichnet werden.[12] Im ersten Moment scheint das widersprüchig zu sein. Wenn man jedoch über das Zugrundeliegende und über die Eigenschaft „zugrundeliegend zu sein" von drei Primärousia-Kandidaten redet, so ist nicht dasselbe gemeint. Für die Primärousia ist der Kriterien-Kandidat, das Zugrundeliegende, in der Hinsicht seiner Seinsweise zwar notwendig, aber allein nicht ausreichend. Das erörtert Aistoteles mit der folgenden Untersuchung und Argumentation.

Für diese Untersuchung nimmt Aristoteles dabei zuerst als Untersuchungsobjekt den Kriterien-Kandidaten, das Zugrundeliegende, und den Primärousia-Kandidaten, die Materie.[13] Zwar nannte Aristoteles am Anfang die Materie die Ousia unter anderen Ousiai. Aber er macht hierbei ein Gedankenexperiment für die Untersuchung: Man nehme zuerst an, die Materie sei DIE Ousia der Ousiai (also die Primärousia). Wenn man nun von einem Einzelwesen einerseits alle Eigenschaften und Wirkungen abziehen würde, bliebe dann nur eine Dimension, nämlich das räumlich Ausgedehnte, übrig. Dies ist aber nicht DIE Ousia. Dasjenige nun, dem das räumlich Ausgedehnte zukommt, ist

---

[12] Dazu vgl. Fußnote 5
[13] Zwar hatte Aristoteles für die Vorstellung des o.g. Standbildes angedeutet, daß die Form primär gegenüber der Materie und dem Zusammengesetzten zu sein scheint. Er greift die Untersuchung aber auf, um diese Behauptung zu vergewissern.

das Zugrundeliegende (in diesem Fall die Materie[14]). Wenn aber auch die räumliche Dimensionen wie Länge, Breite und Tiefe abgezogen würden, dann bliebe nichts mehr übrig. Denn, wenn man alle Möglichkeiten wegnähme, die das Seiende zu etwas Bestimmten machen, bliebe nach Aristoteles nichts mehr übrig, was überhaupt bestimmt sei. Wir wären dann im Fall der Untersuchung darauf angewiesen, Materie als ein an sich Unbestimmtes zum Seienden zu machen, was absurd wäre.

Wenn also die Primärousia allein durch das Zugrundeliegende bestimmt wäre, dann wäre die Primärousia das letzte Zugrundeliegende. Dieses hätte aber in diesem Fall aus dem o.g. Grund die Eigenschaft, nichts mit dem Seidenden gemeinsam zu haben. Denn die Primärousia, das erste Seiende, wäre das schlechthin nicht Seidende. Daraus läßt sich der Schuß ziehen, daß es nicht möglich sei, die Primärousia nur über das Zugrundeliegende zu bestimmen.

Die Materie ist aber, wie oben erwähnt, nicht die einzige Ousia. Das Zugrundeliegende bleibt zwar ein Ousiakriterium, aber wenn es um DIE Ousia (die Primärousia) aller Ousiai geht - oder anders formuliert - wenn man DIE Ousia finden will, muß man außer der Materie die anderen Ousiai betrachten, die noch andere, wichtigere Kriterien besitzen könnten als nur das Zugrundeliegende, das die Materie als ein einziges Kriterium (ohne andere) zu besitzen scheint.

Die obige Argumention zeigt uns, daß das Zugrundeliegende für die Primärousia nicht ausreichend ist. Mit der bisherigen Untersuchung zeigt Aristoteles aber nicht nur das Zugrundeliegende, sondern läßt uns auch über die Materie mehr nachdenken. Nach der Erläuterung sieht man, daß die Materie das ist, was nicht zu bestimmen ist. Aristoteles sagt dazu: „Unter ´´Materie´´ verstehe ich aber das, was als solches weder ein Was ist, noch ein Quantum und auch sonst nicht durch irgend etwas charakterisiert ist, wodurch das Seidende bestimmt wird."[15] Die Materie ist kein Etwas und hat an sich gar keine Eigenschaft. Um zu einem Etwas gemacht werden zu können, braucht sie erst ihre

---

[14] Bei der Darstellung dieses Experiments wird im Text gleichzeitig die folgende Infomation uns stillschweigend gegeben, die Aristoteles schon voraussetzend behandelt: Die Materie ist das Zugrundeliegende in dem Sinne, daß sie der Form in der Wirklichkeit zugrunde liegt. Man kann aus seinen anderen Schriften wie *Physik* bzw. andere Bücher aus der *Metaphysik* interpretieren, daß die Materie das Zugrundeliegene ist. Mit dem vorher erwähnten Beispiel von der Goldkugel beispielweise verhält es sich wie folgt: Man kann die Goldkugel auch zum Goldquader weiter umarbeiten, so daß der Gegenstand nun eine Gestalt eines Quaders hat. Demgegenüber ist hier die Hyle (nämlich Gold) nicht geändert. D.h., im Gegensatz zu dem konkreten, veränderten Gegenstand und dessen jeweilige Form ist die Hyle, die Materie, dieselbe geblieben. D.h., diese ist als das Zugrundeliegende zu interpretieren. Diese Erläuterung gibt uns aber eine andere Problematik für die Interpretation des Ganzen. Genaueres siehe eine spätere Fußnote.
[15] ebd. 1029a um20

Bestimmung durch etwas anderes. Und dies kann ihr nur ein Bestimmtes, d.i. die Form, geben. Um ein Seiendes, also sichtbar zu sein, muß es durch irgendeine bestimmte Eidos – speziell für dieses Seienden – bestimmt werden.[16] Aristoteles sagt somit fast am Ende von Z3, die Form könnte aus dem obigen Grund die Primärousia sein. Dabei ist angemerkt: dieses Etwas paßt genau zu der von Aristoteles gestellten Bedingung der Primärousia, „tode ti", was man, wie erwähnt, mit anderen Textstellen auch als „ein Dies von der Art" interpretieren kann, wofür die Form als angebracht angesehen wird.[17]

Das Buch Z3 ist nicht nur in der Hinsicht o.g. Form wichtig. Aristoteles zeigt im Buch zugleich die Unverfehlbarkeit der Materie. Die Materie ist zwar (der Auslegung nach) „nur" eine Ousia; eine weniger wichtige Ousia als die Form. Die Materie des Einzelwesens ist außerdem das, was seine Bestimmung von etwas anderem, und zwar der Form erhält. Dennoch ist die Materie für die Seinsweise des Einzelwesens auch unentbehrlich, denn die Untersuchung zeigt auch, daß das Einzelwesen auch nur mit der Materie seiend sein und sich selbst epistemisch uns sichtbar machen kann. Die als primär zu verstehende Form braucht auch unbedingt die Materie für die endgültige Zusammensetzung des Einzelwesens, so daß wir letztendlich das Standbild aus Erz und Gestalt – eben beiden - sehen können. Dabei bleibt die Tatsache der Priorität der Form unberührt: Das Zusammengesetzte und auch die Materie als die Materie an sich können erst das werden, was sie sind, wenn ihnen erst die Form gegeben wird. Daher sagt Aristoteles, die Bedeutsamkeit der Form und auch die der Materie berücksichtigend, „Denn alles Übrige wird von der ousia ausgesagt, diese aber von der Materie."[18] Dabei läßt sich anmerken, wie Frede/Patzig in ihrem Kommentar zu *Metaphysik Z* schreiben, daß „ousia" hier als die Primärousia, also als die Form zu verstehen ist.[19] In bezug auf die Materie stellt sich insofern ein entscheidender Unterschied bei Aristoteles im Gegensatz zu Platons Ideenlehre der Dinge dar.

---

[16] Die vorher genannte Problematik ist folgende: Obwohl Aristoteles durch die hiesige Argumentation beweisen will, daß das Eidos dem Einzelwesen die Form und die Bestimmung gibt - dies aber nicht die Materie als das Zugrundeliegende ist und darausfolgend das Eidos die Primärousia sein kann - gibt er dafür das Begründungsargument des Experimentes (daß die Materie das Zugrundeliegende ist, was aber erst durch die obige Schlußfolgerung des Eidos - als das dem Zugrundeliegenden die Bestimmung gebende - zu begründen ist). D.h., das Schlußresultat wird von Aristoteles mit der Behauptung begründet, die durch das Schlußresultat erst begründet wird.

[17] Genauer lese Kapitel III

[18] ebd. 1029a vor 25

[19] vgl. Frede/Patzig 1988, 2. Bd, S48

III. „Was es heißt, dies zu sein"

Wir sind bis jetzt zu wichtigen Erkenntnissen über die Primärousia gelangt, indem bewiesen wurde, daß das Zugrundeliegende nicht als Primärousia anzusehen ist, da „zugrunde zu sein" allein nicht als die ausreichende Bedingung für die Primärousia ist - auch wenn dieses Kriterium als eine Ousia im Wesen der Dinge enthalten ist.

Im Buch Z4 betrachtet Aristoteles nun das „Was es heißt, dies zu sein" näher. Bei der Betrachtung wählt er methodisch Denkschritte, einige mögliche Bedingungen dafür zu nennen, indem er diese durch Ausgrenzung von ungeeigneten Fällen anhand seiner Überlegungen eingrenzt, um letztendlich dazu zu gelangen, was das „Was es heißt, dies zu sein" sein soll.

1) Anfangs stellt er die These der wichtigsten Bedingung auf, daß „ „Was es heißt, dies zu sein" einer jeden Sache das ist, als was sie *von ihr selbst her* bezeichnet wird."[20] Das heißt, es müßte das bezeichnet werden, was zum inneren Kern der Eigenschaft der Sache gehört; aber nicht äußerliche, scheinbare Eigenschaften der Sache. Als Beispiel nennt Aristoteles einen Menschen, der gebildet ist. Das Gebildetsein gehört zwar diesem Menschen. Es ist auch wahr, daß nur die Spezies, Mensch, gebildet sein kann. Aber darin liegt kein Ansprechen von etwas, das *von ihm selbst her* kommt. Denn der Mensch ist nicht von ihm selbst her, nämlich von sich aus gebildet, sondern das wird ihm erst durch die Erziehung und das Lernen vermittelt.

2) Als nächstes meint aber Aristoteles mit einem weiteren Beispiel, daß *nicht alle* von einer Sache als „Was es heißt, dies zu sein" einer Sache sein können, welches von ihr *selbst her* bezeichnet wird. Das Beispiel ist hier die Fläche eines Körpers, der weiß ist. Der Körper ist weiß aufgrund seiner Fläche, eben weil seine Fläche weiß ist. Die Fläche ist unmittelbar weiß im Unterschied zum gebildeten Mensch, der durch die Vermittlung gebildet ist, und ist daher in dem o.g. Sinne von ihr selbst her weiß. Aber wenn man sich Frage stellt, „Was ist die Fläche?", ist es klar, daß das Weiß-Sein aber nicht die Fläche ist und dies das Fläche-Sein auch nicht wesentlich ausmacht - auch wenn das

---

[20] Aristoteles, Metaphysik Z, S. 67, 1029b 13, kursive Betonung von mir

12

eigenschaftlich dazu gehört. Das Weiß-Sein ist nicht das, was die Fläche durchgängig selbst als solche ist. Es fehlt also in dieser Bestimmung, daß es eine *Fläche* ist, die zwar weiß ist, obwohl das Weiß-Sein von der Fläche selbst her vorkommt. Das Weiß-Sein gehört also zwar als eine Eigenschaft zu der Fläche, was von ihr selbst her bezeichnet wird, ist aber kein „Was es heißt, dies zu sein" der Fläche.

3) Man könnte hierbei zwar das Fehlende hinzufügen, um die Fläche genauer zu beschreiben und zu sagen: Die Fläche ist aus ihr selbst eine „weiße" Fläche. Das ist die Zusammensetzung der Fläche und des Weiß-Seins durch die Hinzufügung der Bestimmung des „Weiß-Seins" zur Fläche. Diese Zusammensetzung zeigt uns aber auch nicht, was das „Was es heißt, dies zu sein" der Fläche ist. Denn durch die Hinzufügung wird lediglich „die Fläche" genannt, die weiß ist, d.h., was das ist, wird im seinen Namen präsentiert, aber *nicht dargelegt*.

Bei der Einführung dieser Untersuchung der Hinzufügung sieht man im Text einen Hauch der Unklarheit der Argumentationen in Zusammenhängen mit den bisherigen Überlegungen : Die Untersuchung 2) hat zwar den Zweck, das Weiß-Sein - als kein „Was es heißt, dies zu sein" der Fläche – auszuschließen. Aristoteles führt dennoch bei der Untersuchung 3) dieses Weiß-Seins plötzlich wieder ein. Wahrscheinlich brauchte Aristoteles 3), um die folgende Wichtigkeit für seine Gesamtbehauptung in dreierlei Hinsichten aufzuzeigen:

a. *Darlegung*: Aristoteles möchte vorführen, daß beim „Was es heißt, dies zu sein" einer Sache, wie oben erwähnt, nicht einfach deren Namen, sondern die Darlegung, was diese Sache selbst ist, vorkommen muß.

b. Darlegung *als Bestimmung* im Namen: Wie bei 2) erwähnt, gehört die dargelegte Eigenschaft der Fläche, „das Weiß-Sein", zur Fläche. Genauer: diese Fläche ist, was diese Fläche als die weiße Fläche *vermeint* wird. D.h., mit der Fläche wird das Weiß-Sein mit vermeint, da es jetzt um die Fläche eines weißen Körpers geht. Es kommt öfters vor, daß das Dargelegte im Namen der Sache in Gänze mit vermeint wird, da im Namen immer viele und nicht nur eine Eigenschaft dargelegt werden. Darüber hinaus bräuchten wir aber *die* Darlegung, mit der man das „Was es heißt, dies zu sein" der Fläche findig machen kann (damit man letztendlich erkennen kann, was „Was es heißt, dies zu sein" an sich sein kann). Wir könnten nun statt dem Weiß-Sein beispielsweise eine andere Darlegung, „das Glatt-Sein", nennen. Das Weiß-Sein und das Glatt-Sein sind nun von dem Sachgehalt der Seinsart her von dem Glatt-Sein

.

verschieden. Sonst würden das weiße Fläche-Sein und das glatte Fläche-Sein zusammenfallen. Was das Weiß-Sein bei 2) problematisch macht und warum nicht zum „Was es heißt, dies zu sein" der Fläche zählbar ist, ist weil dies nicht mit dem Glatt-Sein äquivalent ist, das aber eine Bestimmung des Fläche-Seins ist. D.h., das Weiß-Sein wird vom „Was es heißt, dies zu sein" der Fläche unterschieden, weil das keine *Bestimmung des Fläche-Seins* ist (siehe 2)).

So sehen wir, daß bei einer Sache etwas, was im Namen mit vermeint wird, wie das Weiß-Sein, kein „Was es heißt, dies zu sein" sein kann, weil das nicht mit der Darlegung der Fläche als das „Was es heißt, dies zu sein" der Fläche gleichzusetzen ist. Man sollte beim Auffinden des „Was es heißt, dies zu sein" einer Sache folgendes bedenken, die fast zwangsläufig stets mit einem Namen in unserem Kopf präsent sein kann: Das, was im Namen vermeint ist, muß nicht mit dem Darzulegenden *als die Bestimmung der Sache* im Sachgehalt übereinstimmen.[21]

c. *Zur Untersuchung mit dem Zusammengesetzten*: Bei der Untersuchung von 3) ging es zuerst darum, „Was es heißt, dies zu sein" der Fläche - mit der Hinzufügung einer zu beschreibenden Eigenschaft des Weiß-Seins - ausfindig zu machen. Das Resultat der Untersuchung mit dieser Zusammensetzung war aber gescheitert. Aristoteles zeigte dies auf, um anzudeuten und als Vorbereitung, was im nächsten Schritt untersucht wird, d.h.:

4) Kann es überhaupt das „Was es heißt, dies zu sein" bei einem zusammengefügten Ding verschiedener Kategorien geben?[22] Das genauere Ziel dieser Untersuchung ist jedoch aufzuzeigen, warum es dies nicht geben kann. Von Aristoteles wird hierbei gleich eine verneinende Antwort auf die Fragestellung gegeben.[23] Für die Untersuchung nennt Aristoteles das Beispiel einer Synthese, der weiße Mensch, der mit dem Namen „Hemd" genannt sei.

So zu nennen sei angebracht, da der Name das eine Einheit gebende Sein der Sache anzeigt und im Namen somit immer ein einheitlicher Sachverhalt in einer bestimmten

---

[21] vgl. Volkmann-Schluck S. 48

[22] „[Denn] alles, die Qualität, die Quantität, die zeitliche Bestimmung, die örtliche Bestimmung und die Bewegung, hat etwas, was ihm zugrunde [liegen müßte]". (Aristoteles, Metaphysik Z, S. 69, 1029b vor 25) Was hierbei angemerkt werden soll: Wie in Kapitel II dieser Arbeit vorgestellt wurde, bemühte sich Aristoteles selber schon um das Ergebnis, daß das Zugrundeliegende keine Ousia sein kann. Hier geht es also nicht um Ebengenanntes, sondern er benutzt die gleiche Frage, um daraus etwas wichtigeres zum Thema „Was es heißt, dies zu sein" zu erläutern. Um dieses Interesse zu berücksichtigen, möchte ich die aristotelischee Argumentation und die dahinterstehende, wichtige Behauptung der Schrift *Metaphysik* logisch darzustellen versuchen.

[23] D.h., Aristoteles will selbst nicht zur Frage nach dieser Existenz Stellung nehmen, sondern einen möglichen Einwand vorwegnehmen. Vgl. Weidemann 1996 S.85

Art und Weise vermeint werden kann.[24] Das sei aber auch sinnvoll, um den Eindruck zu vermeiden, ob die obige Frage nur eine Problematik des sprachlichen Ausdruckes sei.[25] Die Begründung für die verneinende Antwort lautet nach Aristoteles, daß „das Hemd" nicht zu jenen Dingen gehören kann, die ihr eigenes Etwas-an-sich-selbst ausgesagt werden können. Aristoteles zeigt diese Unmöglichkeit in zweierlei Weise auf, wie das Sein des „Hemdes" angesprochen wird. Das scheint eine Methode mit *der Erklärung der Komponente* – in dem Fall die Komponente „Weiß" – zu sein, daß man erst das „Was" dieser Komponente klärt, um herauszufinden, ob man zeigen kann, was das „Was es heißt, dies zu sein" des „Hemdes" wäre (Die Untersuchung läuft ähnlich mit 3):

A. Ansprechen durch Hinzufügung?

Wenn man die Frage stellte, „Was ist das „Hemd"?, würde hier die Antwort lauten: „weißer Mensch".

In diesem Fall wird mit der folgenden Methode untersucht, zuerst das Augenmerk auf eine Komponente zu richten, in welcher Beziehung die Komponente in dieser Formulierung zum „Hemd" steht, indem man versucht, *diese* Komponente in Anbetracht dieser Formulierung zu definieren. „die Sache [wird] ... als das bezeichnet, als was sie definiert wird, daß die Sache selbst einer anderen hinzugefügt worden ist, so etwa, wenn man versuchen wollte, das weiß zu sein zu definieren, indem man die Formel „weißer Mensch" angäbe."[26] Aristoteles läßt uns fragen, wenn man dieses „weißer Mensch" betrachtet, worin die Komponente „weiß" besteht, indem man versucht, das „weiß" zu definieren. Es wird deutlich, daß das Weiß darin besteht, *daß es ein Mensch ist, der weiß ist.* D.h., die Komponente „weiß" wird der anderen „Mensch" hinzugefügt, der die Komponente „weiß" anliegt. *Das ist die strukturelle Form dieser Synthese von beiden.* Dies zeigt aber, das A. zwar eine angemessene Formulierung des Ansprechens der Synthese ist (wobei das „Hemd" eine Synthese ist), womit aber nichts gezeigt wurde, was etwas von „Hemd" selbst her anspricht.

B. Ansprechen durch Unterbleiben der Hinzufügung?

Wenn man die Frage stellte, „Was ist das „Hemd"?", würde die Antwort lauten: „Das

---

[24] Im Fall des weißen Menschen fehle im Griechischen nicht weniger als im Deuschen eine einheitliche Benennung. Aristoteles wähle einen beliebigen Namen, an dem als solchem nichts gelegen sei. vgl. Volkmann-Schluck S. 49
[25] vgl. Frede/Patzig 1988 Kommentar S.62
[26] Aristoteles, Metaphysik Z, S. 69, 1029b nach 30

„Hemd" ist weiß."

In diesem Fall wird die Formulierung zum „Hemd" einfach nach dem Muster „S ist P." gebildet, ohne daß eine Hinzufügung im Sinne von A. erfolgt. Das „Hemd" als das Subjekt wurde mit dem Prädikat „weiß" belegt.

Aristoteles meint hierzu: „Natürlich ist ein weißer Mensch etwas Weißes, aber er ist nicht das, was es heißt, weiß zu sein."[27] In diesem Zitat sind viele wichtige Anmerkungen beinhaltet:

Angenommen, daß das Subjekt hierbei nicht das „Hemd", sondern z.B. „die Farbe Weiß" wäre, dann könnte man meinen, daß sie selbst als ihr Hauptmerkmal das „Weiß zu sein" besitzen würde, daher auch das „Was es heißt, weiß zu sein" besäße und selbst dies sei. (D.h., wenn die Farbe Weiß *über selbst an sich angemerkt* werden soll, meint Aristoteles, daß etwas An-sich-Weiß-zu-sein sei gleich zu betrachten sei als das „Was es *heißt*, weiß zu sein". Bzw., das ist dies selbst, weil das aus dem Grund seiner wesentlichen Eigenart selbst dies ist und daher das an sich *als „ Was es heißt" definiert* werden müßte, wenn das An-sich-Weiß-zu-sein in klarer Form ausgedrückt werden soll. Seine Eigenart heißt etwas, was sein Grundprinzip seiner eigenen Seinsform ist.) Im Unterschied zu diesem Beispiel, „die Farbe Weiß", ist dies aber beim „Hemd", „weißen Menschen", unmöglich, wenn man wie oben „Das „Hemd" ist weiß." aussagt, weil Weiß keine Eigenart des Seins-Grundprinzips des „Hemdes" ist. Wenn man sieht, daß das „Hemd" als weiß angesprochen wird, heißt das noch lange nicht, daß das „Hemd" als das „Hemd" angesprochen wird. Es müßte „Was es heißt, „Hemd" zu sein" gezeigt werden.

Somit wurde bei beiden Weisen A/B aufgezeigt, daß - Aristoteles so könnte meinen - das Sein des „Hemdes", sein eigenes Etwas-an-sich-selbst, nicht angesprochen werden konnte. Die zusammengefaßte Argmentation und Behauptungen sehen folgendermaßen aus:

Dieses „Hemd" besteht aus „weiß" und „Mensch" als ein Zusammengesetztes. Durch die Untersuchung ist klar geworden: Erstens besteht *das Sein einer Komponente „weiß"*, - was mit dem „Was es heißt, weiß zu sein" gleichzusetzen möglich scheint -, *genauer in einer anderen Komponente, im „Menschen"*, und nicht in dem „Hemd". Zweitens wurde aufgezeigt, daß damit die Eigenart des Seins des „Hemdes" überhaupt nicht gezeigt werden kann, weil es selbst kein Prinzip des Weiß-zu-sein ist. Es ist klar

---

[27] Aristoteles, Metaphysik Z, S. 69, 1030a

geworden, daß das „Hemd" eine bloße Zusammensetzung bzw. Synthese aus beiden Komponenten ist, in der die Komponente, das Weiß, einerseits dafür nicht in Frage kommt, das Seinsprinzip der Eigenart des „Hemdes" aufzuzeigen. Andererseits es aus eben diesem Grund verhindert, dieses Aufzeigen überhaupt zu ermöglichen. Das „Hemd" als Synthese hat das in sich, was *nicht* die ihm eigene Art der Dinge ist, was aber etwas anderes, eigentliches in sich besitzt, ist. Es kann kein *Eigen-Grundprinzip des Seins* aufweisen, solange etwas die Seinsform einer Synthese aus einem „Wie" hat.

Dieses „Weiß" ist darüber hinaus die Komponente, die ein „Wie" des Menschen ist. Ein „Wie" ist aber keinesfalls ein „Was-es-ist". Die Seinsform vom „Wie" läßt sich der Sache nach und seinsmäßig vom „Was-es-ist", von der *Seinsform der Eigenart an sich eines Dinges,* in der Weise unterscheiden, daß das etwas braucht, welches ihm die reale Existenzmöglichkeit des Seins gibt, insofern das es immer das „Wie" *von etwas* ist. Das Weiß behält sein Sein nur insofern, wenn sein Sein, „Was es heißt, weiß zu sein" im Sein des Menschen besteht. Es müßte das Sein des Menschen geben, das ein festes Sein mit seiner Eigenart des Seinsprinzips ausweisen kann.

Das Sein des Menschen ist darüber hinaus in diesem Untersuchungsbeispiel weder ein synthetisches noch besteht es im Sein eines anderen Dings. Die Eigenart seines Seinsprinzips – das „Was es heißt, Mensch zu sein" - , ergab sich beim Aufzeigen des Seinsprinzips kein Störfaktor wie das Weiß im „Hemd" und hat auch keine (Bestandes-)wurzel wie das Weiß im Menschen.[28]

Aristoteles schlußfolgert somit: ERSTENS *besitzt* das „Was es heißt, Mensch zu sein" das wahre Seinsprinzip. D.h., die Seinsform, das „Was es heißt, etwas bestimmtes zu sein" bzw. das „Was es heißt, dies zu sein" von diesem „Was es heißt, Mensch zu sein", könnte das wahre Seinsprinzip der Dinge sein. Das ist die Seinsdefinition, die den Seinsgrund eines bestimmten Dinges bestimmt. D.h.: Sie ist weder der Sache nach noch keine seinsmäßig vom Ding unterschiedene (und dennoch dem Seienden des Dings zukommende) Bestimmtheit, sondern sie ist die mit dem Ding identische Bestimmtheit.[29] Die Dinge existieren somit genau als etwas Bestimmtes und nicht als

---

[28] Aristoteles rührt bei diesen experimentellen Überlegungen zuerst nicht an der Seinsart des Menschen. Was ich hier schrieb ist meine Interpretation, da Aristoteles ohne Zwischenargumente die nächste Schlußfolgerung einführt. Man darf darüber hinaus behaupten, daß er das Sein des Menschen samt seiner Eigenart des Seinsprinzips aber auch nicht bestreitet, wie es im Fall des zusammengesetzten „Hemdes" war, wenn er die Seinsart des Menschen im Buch Z4 nicht erwähnt.

[29] Dazu könnte es eine wichtige Anmerkung geben: Aristoteles wählte bewußt dieses und wohl auch etwas unnatürlich wirkende Beispiel, das „Hemd" aus weiß und Mensch, um diese Schlußfolgerung zu verdeutlichen; daß bei *einem* - aus mehreren prädikaten - willkürlich zusammengesetzten Ding keine

etwas anderes, wie z.b. der Mensch nicht anderes als ein Mensch zu existieren vermag. Anders gesagt: Nur die Dinge verfügen über das „Was es heißt, dies zu sein", wenn ihre Beschreibung eine Definition des Seinsprinzips ist. D.h., die Aussage eines Dinges müßte dabei eine Definition sein, die eine bestimmte Eigenart dieses Dinges formuliert und außerdem dieses Ding auch identifiziert. Das sind Aspekte, die zum aristotelischen tò tí ên eînai gehören.

ZWEITENS ist dies DIE – von Aristoteles gesuchte – Ousia aus dem Grund, daß diese die aller erste, primäre Seinsweise ist.

Das ist einerseits in der obigen Untersuchung in zweifacher Weise aufgezeigt: Erstens kann keine Synthese (aus mehr als zwei verschiedenen Seinsweisen wie mit einen Wie) das „Was es heißt, etwas bestimmtes zu sein" besitzen. Zweitens hat das „Was es heißt, Mensch zu sein" keine Einschränkung - im Unterschied zu einem Wie, beispielsweise wie das „Was es heißt, weiß zu sein" -, da dies zu seiner Existenz den Menschen braucht, aber der Mensch braucht dies nicht, um ein Mensch zu sein. Das Sein des Menschen, das „Was es heißt, Mensch zu sein", ist für die *eigene Existenz* unabhängig von anderen Seinsbestimmungen wie dem „Wie". Dies kann demgegenüber nur *für etwas* sein und ist dabei bloß eine sekundäre Bestimmung. Somit ist die erste Seinsweise der Eigenart von etwas Bestimmtem ist *primär und uneingeschränkt*. Damit meint Aristoteles, daß die Sache in ihrer Bestimmung keinen anderen Sachverhalten braucht, als was sie ist. Von der Seinsart her darf sie etwas ihr Vorgeordnetes nicht voraussetzen. Anderenfalls wäre sie eingeschränkt und nicht mehr das Primäre, und könnte *nicht allein* An-sich-selbst sein und würde somit selbst nicht ein unabhängiges eigenes „Was es heißt, dies zu sein" besitzen.[30] Aristoteles sagt, „das ´Was es heißt, dies zu sein´ ist das, was etwas *eigentlich* ist. Wenn dagegen eine Sache *von einer anderen* ausgesagt wird, dann handelt es sich nicht um das, was *diese Sache eigentlich* ist".[31]

Andererseits bestimmt das „Was es heißt, dies zu sein" eben als die *erste* Bestimmung dem Menschen sein „Was es heißt, Mensch zu sein". Dies wäre ein guter Grund dafür - wie Aristoteles betrachtet – daß das „Was es heißt, dies zu sein" DIE Primärousia sein kann.

Ousia von diesem Ding an sich sein kann, auch wenn dieses Ding mit einem Namen zu präsentieren ist, da es das genauere „Was" darin fehlt.

[30] D.h., wenn man das „Was es heißt, weiß zu sein" durch eine Definition angibt, um das Weiß zu verstehen, kann dies dennoch wegen seiner Abhängigkeit des Seins vom Menschen (wie in unserem Fall) kein „Was es heißt, dies zu sein" im strengen Sinne sein - im Unterschied zu dem vom Menschen.

[31] Aristoteles, Metaphysik Z, S. 69, 1030a vor 5. Kursive Betonung von mir.

Daraus leitet Aristoteles letztendlich das Ergebnis ab, in welcher Art es im Wirklichen das „Was es heißt, dies zu sein" geben kann und wie dieses eine Verbindung mit der Primärousia hat:

Das, was *zu einer Art der Gattung gehört*, besitzt die Primärousia, weil nur das Ding etwas hat, das selbst uneingechränkt das Grundprinzip der Eigenart des Seins in sich trägt. Aristoteles sagt, „daß nichts was nicht zu den Formen einer Gattung gehört, ein ´Was es heißt, dies zu sein´ besitzt; sondern nur diese besitzen eines."[32] D.h., alle anderen haben das nicht. Diese Formen scheinen in erster Überlegung das zu sein, was als Arten unter dem biologischen Begriff Gattung steht. Das scheint aber auch jenes zu sein, wenn ein Gegenstand zu einer bestimmten Gegenstandsart gehört, auch wenn das keine biologische Natur ist.

Da das Ding als sein wahres Seinsprinzip der Dinge das „Was es heißt, dies zu sein" im Sinne vom o.g. „Was es heißt, etwas bestimmtes zu sein" besitzt, kann das dabei zugleich als „Was-es-ist" des bestimmten Dings *im strengen, engsten Sinne* angesehen werden.[33] Gleichzeitig ist angebracht, das Ding mit seiner *eigenen, artspezifische Bestimmtheit* als „ein Dies" anzusehen. Bei „ein Dies" kommt die eigentliche Bestimmtheit von ihm in der Definition vor, die sich logischerweise nur mit *seinem sachlich Eigenen* identifiziert. In diesem Zusammenhang sieht man, daß dies in der Schrift *Metaphysik* Buch Z in der Hinsicht übereinstimmt, als daß Aristoteles zum Ousia-Sein sowohl „Was-es-ist" im strengen und engen Sinne als auch „ein Dies" zählte.[34] Zur vorhin zitierten Stelle - „das ´Was es heißt, dies zu sein´ ist das, was etwas *eigentlich* ist. Wenn dagegen eine Sache *von einer anderen* ausgesagt wird, dann handelt es sich nicht um das, was *diese Sache eigentlich* ist" - sagt Aristoteles gleich anschließend, „wenn [da[35]] es denn zutrifft, daß ein Dieses zu sein allein den ousiai zukommt."[36]

Insofern das „Was es heißt, dies zu sein" die wesentliche Bestimmung des Dings ist, das seine Existenz in der Realität trotz der individuellen Form eines Einzelwesens mit

---

[32] Aristoteles, Metaphysik Z, S. 69, 1030a vor 15
[33] Aristoteles erwähnt in Buch Z4, daß es sowohl beim „Was-es-ist" als auch beim „Was es heißt, dies zu sein" die Arten im weiteren Sinne gibt: Man gibt besipielsweise als „Was" für das „Hemd" häufig mit „Das Hemd ist weiß." an. Bzw. sieht man beim „Wie" - beispielsweise beim Weiß - das „Was es heißt, weiß zu sein". Vgl. Fußnote 11
[34] vgl. Kapitel II dieser Arbeit
[35] Aristoteles, Metaphysik, Ausgabe von 1994, S.182
[36] Aristoteles, Metaphysik Z, S. 69, 1030a vor 5 Kursive Betonung von mir.

seinseigenen Bestimmung der Eigenart sichert (damit ein einzelnes Ding dennoch als eines von Dieser Art („eines Dies‴) sein kann, d.h., insofern das „Was es heißt, dies zu sein" ein Einzelnes genau zu einer bestimmten Art macht) stimmt dies mit der in Kapitel II erwähnten Artform, dem Eidos, die dem Ding eine unbewegliche Eigentümlichkeit verleiht, überein. Dieser bestimmten, substantiellen Art des einzelnen Dings liegt seine Artform zugrunde. Somit meint Aristoteles aus diesem Kontext ein Dies als „ein Dies von DER Art".

Das Resultat der ganzen Untersuchung könnte also heißen: Die Seinsdefinition der Artform als die eigentümliche Seinsweise des Dings (jenach der Art) sei genau die gesuchte, gegenüber allen anderen Seinsweisen als primär zu geltende Seinsweise und somit die Primärousia. Somit hat Aristoteles in der Metaphysik Buch Z4 auch bewiesen, daß das Eidos anhand des „Was es heißt, dies zu sein" die Primärousia ist.[37]

---

[37] In weiteren Kapitels von Buch Z der *Metaphysik* erörtert Aristoteles weiterhin Überlegungen, durch die er nach und nach zur Überzeugung gelangt, daß das Eidos DIE Ousia sein soll. Der ausschlaggebende Beweisgrund dafür ist jedoch die Überlegung des in dieser Arbeit vorgestellten „Was es heißt, dies zu sein".

IV. Literatur

- ARISTOTELES, Metaphysik. Ausgabe in: Frede, M. / Patzig, G. 1988

-          Ausgabe : Reinbek 1994

- FREDE, M. / PATZIG, G., Aristoteles, Metaphysik Z. Text, Übersetzung, Kommentar, 2 Bande, München 1988

- LISKE, M.-Th., Aristoteles und der aristotelische Essentialismus: Individuum, Art, Gattung, Freiburg/München 1985

- RAPP, Christof, Substanz als vorrangig Seiendes (Z1), in: Hg. derselbe, Aristoteles Metaphysik. Die Substanzbücher (Z,H,Θ), Berlin 1996

-      --   (Hg.), Wörterbuch der antiken Philosophie, München 2002

- VOLKMANN-SCHLUCK, K.-H., Die Metaphysik des Aristoteles, Frankfurt am Main 1979

- WEIDEMANN, Hermann, Zum Begriff des *ti ēn einai* und zum Verständnis von Met. Z4, 1029b22-1030a6, in: RAPP 1996